Mach's in Stuttgart

von Kleon Medugorac

Dieses Buch
ist

- - - - -

gewidmet!

Ohne Dich ist Stuttgart
nur halb so schön.

HALLO ICH BIN Kleon

ICH HABE DIESES BUCH GEMACHT, ALSO GEZEICHNET, GEMALT, GETEXTET, ÜBERLEGT

Weil ICH GERNE ZEICHNE, UND MIR DINGE ÜBERLEGE, ICH LEBE SEIT VIELEN JAHREN IN STUTTGART UND KENNE HIER VIELE LUSTIGE UND AUCH WENIGER LUSTIGE SACHEN. (UND GELD HAB ICH AUCH NOCH DAFÜR BEKOMMEN)

mit diesem Buch
- HABE ICH STUTTGART SELBST NOCHMAL NEU KENNENGELERNT.
- KANNST DU VIEL SPASS HABEN!
- KANNST DU MACHEN, WAS DU WILLST.

UND JETZT DU: ICH BIN _____

ICH HABE DIESES BUCH ☐ GEKAUFT
☐ GESCHENKT BEKOMMEN VON _____
☐ GEFUNDEN
☐ GEKLAUT VON _____

Weil

mit diesem Buch

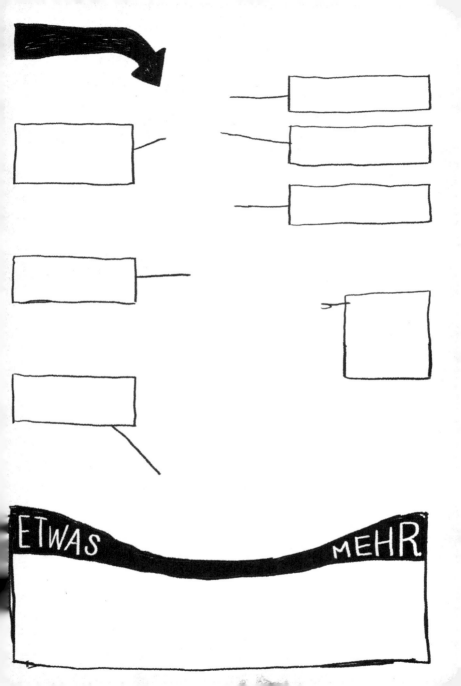

BEVOR WIR STARTEN, EIN PAAR REGELN

- **Vergiss' ALLe REGELN**

- Hab' **SPASS** mit mir!

- Glaub' mir kein WORT:
wenn hier steht "mal' mich aus",
kannst du natürlich auch schneiden,
malen, kleben, sonst was!
Meine Aufgaben sind nur Ideen,
die ich hatte. Ich denke, du hast
noch viel mehr!

- DU kannst NIX falsch machen.

- GIB' DIR DOCH TROTZDEM EIN BISSCHEN MÜHE, OK?

HALLO!

ICH BIN DEIN BUCH!

Vergiss' Kleon, vergiss' Alles, jetzt geht es um <u>uns beide</u>! Los geht's! Nimm' mich mit! Kritzel' mich voll! Feier' mich ab! Mach' mich besser! Mal' mich an! Nimm' mich ernst! Kleb' mich voll! Mach' alles, was ich dir sage! Mach' noch ganz andere Dinge! Vertrau' mir! Vertrau' dir selbst noch viel mehr! So, damit wir uns nun etwas näherkommen, nimm' dir einen Stift und zeichne mir einen Körper!

ABER VORHER:

Zeichne ein <u>Selfie</u>

Benutz' den Hashtag #machsinstuttgart wenn du deine Werke postest (und schau', was andere so mit dem Buch machen)

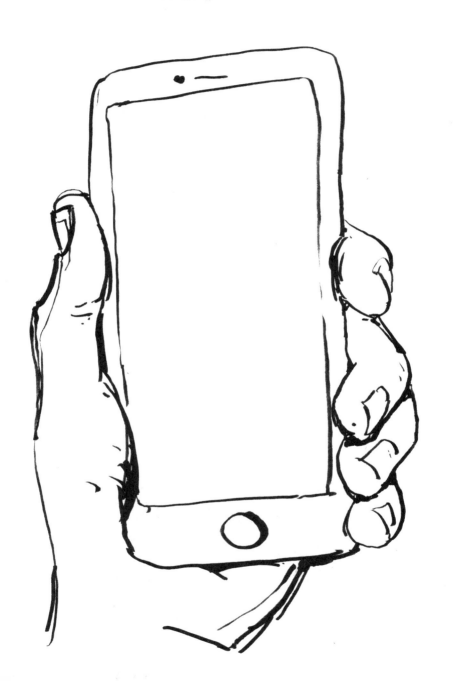

Zeichne ein Monster an den Fernsehturm

z.B. KING KONG, GODZILLA, EINE RIESENKRAKE...

BEST FRIENDS

Lasse deine besten Stuttgarter-Freunde hier ihre Köpfe rein zeichnen →

WÖRTERBÜCHLE

Lass' dir die folgenden Begriffe von einem echten Schwaben übersetzen!

SCHWÄBISCH	DEUTSCH
ALDBACHNE GLOIDR	
A GOLDIGS BÄRLE	
HANOI	
DOMMR SIACH	
SO A GLOMB	
SEGGL	
A SIASSA GRODD	
A GSCHMEGGLE HAN	
HÄLINGA	
A VIRDELLE SCHLODZA	

- AN DREGG WERDE!
- GRASDAGGL
- AN KOLBA NEISCHDELLA
- A WIASCHDR BÄSA
- SCHLEGGSACH
- LOMBASIACH
- EBBES DO
- ELLAWEIL
- EBBR RICHDA
- NAUF
- NONDER
- ACHDONG!
- RUMFLAGGA
- OIN DURCHZIAGA

PIMP My Hood

GIB' DEN STUTTGARTER STADTTEILEN UND VORORTEN NEUE NAMEN & ÜBERLEG' DIR DEINE EIGENEN!

Dein Stern über Stuttgart

Zeichne dein eigenes Logo auf den Bahnhofsturm

mach'
mal
ganz
easy!

ZEICHNE CRO EINE NEUE MASKE!

∘ ODER EIN GESICHT ∘

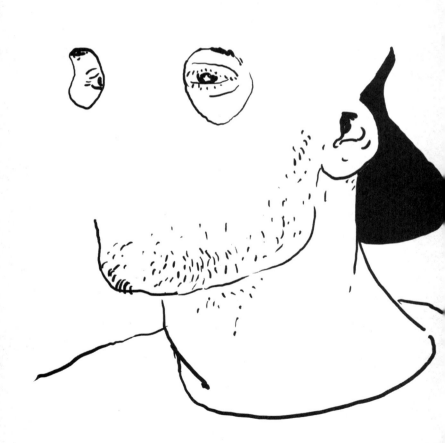

ZEICHNE DER MASKE EINEN NEUEN CRO!

○ ODER EINEN PANDA ○

Nimm' **TAXI** und lass' ein dir vom Fahrer GEHEIMTIPPS aufschreiben:

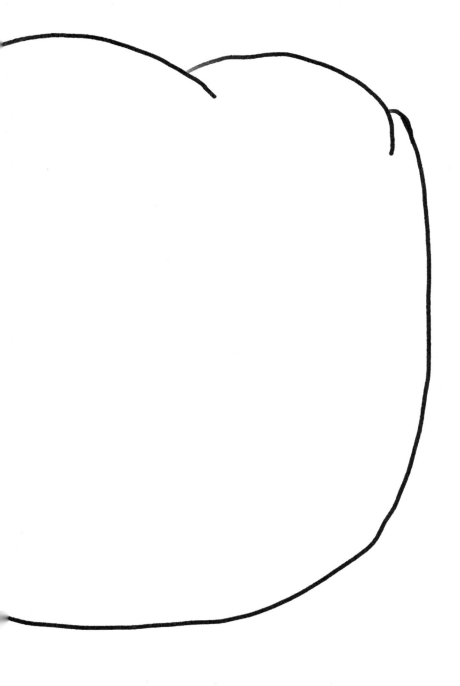

Sammel hier
Aufkleber aus Stuttgart

Fange auf der
Baustelle von
Stuttgart 21
einen Juchtenkäfer
und klebe ihn
hier ein ⟶

Juchtenkäfer
(Osmoderma eremita)

ZEICHNE DOCH AUCH DIE UMGEBUNG DAZU...

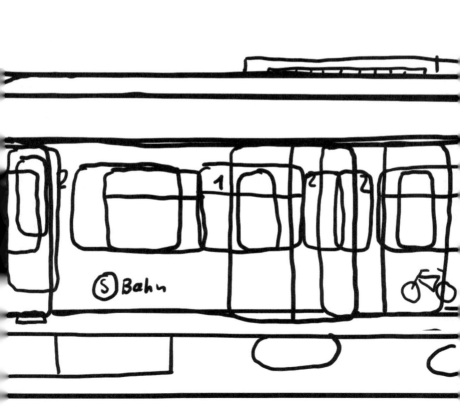

GEHE IN DIE WILHELMA UND ERWISCHE DEN FENNEK IN EINEM MOMENT, IN DEM ER WACH IST!

NOTIERE DIE UHRZEIT

_ _ _ _ _ _ _ _ UHR

SAMMLE IM *Herbst* BLÄTTER IM SCHLOSSGARTEN UND KLEBE SIE HIER EIN!

Platane

Kastanie

entwirf' deinen eigenen UNTERIRDISCHEN BAHNHOF!!

Bar
zum GOLDENEN KNÜPPEL

Überlege dir eigene Namen für Läden und Kneipen in der Leonhardsstrasse.

Male die Schilder fertig!

Schreib' deinen eigenen Wasenhit!

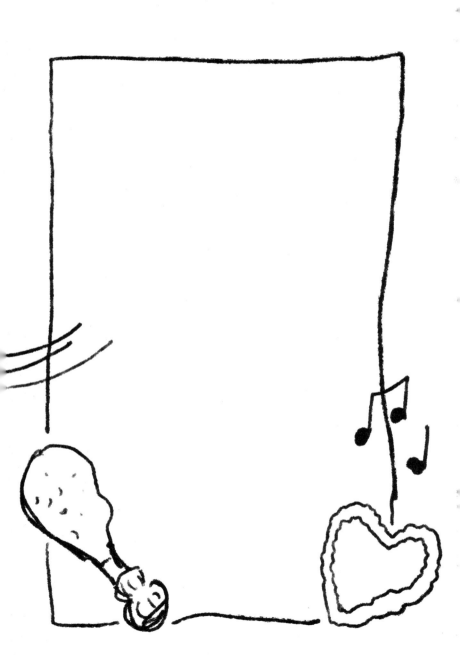

good

Lass' deine Freunde Komplimente auf diese Seiten schreiben

- — — — — — — — — — —
- — — — — — — — — — —
- — — — — — — — — — —
- — — — — — — — — — —
- — — — — — — — — — —
- — — — — — — — — — —
- — — — — — — — — — —
- — — — — — — — — — —
- — — — — — — — — — —
- — — — — — — — — — —
- — — — — — — — — — —

BOY ☐ GIRL
ASSENDES BITTE ANKREUZEN

GENIESS' DIE AUSSICHT AM BISMARCKTURM

BRENN' DORT EIN STREICHHOLZ AB

DENN SCHON BISMARCK LIESS DORT AN SEINEM GEBURTSTAG IMMER RIESIGE FEUER ENTFLAMMEN.

Brezel Designen

überlege dir alternative
Formen für die
gute alte Brezel...

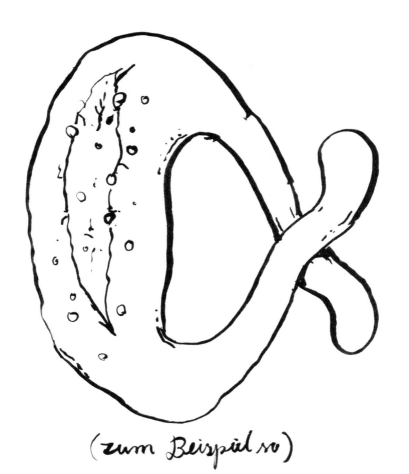

(zum Beispiel so)

... Zeichne sie auf ...

... backe sie nach!

Suche am BÄRENSEE

nach Bären, wenn du einen findest, zeichne ihn hier rein.

NO CLUB today

ZIEH' DICH SELTSAM AN, MACH' DIR DIE HAARE BLÖD, UND VERSUCHE IN EINEN SCHICKEN CLUB (MIT TÜRSTEHER) IN DER THEODOR-HEUSS-STRASSE ZU KOMMEN. WENN DER TÜRSTEHER DICH NICHT REINLASSEN WILL, LASS' IHN DIESE ERKLÄRÜNG AUSFÜLLEN

→

_____ kommt hier nicht rein aus folgendem Grund:

- ☐ zu schlecht angezogen
- ☐ viel ☐ zu betrunken
- ☐ zu schick
- ☐ nicht sexy genug
- ☐ aggressive Ausstrahlung
- ☐ erscheint langweilig
- ☐ zu groß ☐ zu klein

BITTE CM ANGEBEN: ____

- ☐ zu jung ☐ zu alt

BITTE JAHRE ANGEBEN: ____

- ☐ falsches Gesicht/Frisur
- ☐ falsche Schuhe

DATUM

UNTERSCHRIFT

... zum Spätzleschaben.

Lasse die schönste Stuttgarterin diese Seite

KÜSSEN!
NÄTURLICH MIT LIPPENSTIFT

MACH' IM RATHAUS PATERNOSTER RALLY

GEH' MIT EINEM FREUND ODER EINER FREUNDIN IM RATHAUS PATERNOSTER FAHREN! STOPPT EURE ZEITEN!

WER IST SCHNELLER?

WEIN TROLLE

MACHE FLECKEN MIT **TROLLINGER** →
AUF DIESE SEITE
MALE ARME UND BEINE DRAN

SCHREIBE DEIN EIGENES DREHBUCH FÜR EINEN STUTTGART-tatort

Lege besonderen Wert auf die Eigenarten deiner schwäbischen Haupt- und Nebenfiguren sowie spannende Originalschauplätze

Gerade als

Da war doch was faul..

Verteile die Rollen auf Freunde und dreht den Film! Lade ihn anschließend ins Internet und lass die Welt daran teilhaben.

LASS' DICH VON EINEM STRASSENKÜNSTLER AUF DER KÖNIGSTRASSE ZEICHNEN

TEST ★★

FRANK

- AUSSEHEN ☐
- KNUSPERFAKTOR ☐
- GESCHMACK ☐
- FREUNDLICHKEIT ☐
- INSGESAMT ☐

SELBST EINTRAGEN

- AUSSEHEN ☐
- KNUSPERFAKTOR ☐
- GESCHMACK ☐
- FREUNDLICHKEIT ☐
- INSGESAMT ☐

SCHREIBE EIGENE ABSURDE REGELN FÜR DIE

KEHRWOCHE

AUF DIESES SCHILD →

HÄNGE ES BEI DEINEN NACHBARN AN DIE TÜR

kehrwoche

ZEICHNE DEN KÖNIG VOM PALAST DER REPUBLIK

Bastel' dir deine eigene **Bibliothek** und stelle sie in dein Bücherregal

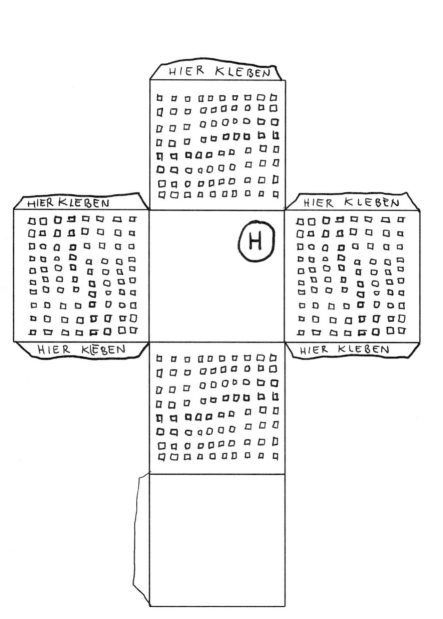

BEOBACHTE IM ROSENSTEINPARK
DIE HERUMSPRINGENDEN HASEN

WAS DENKEN DIE WOHL DEN GANZEN TAG?

♡ Zeichne den Bohnen aus dem Bohnenviertel ♡ sexy Unterwäsche

JENSEITS VON PORSCHE UND DAIMLER: ENTWIRF' DEINE EIGENEN AUTOMODELLE!

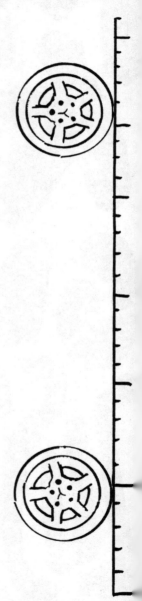

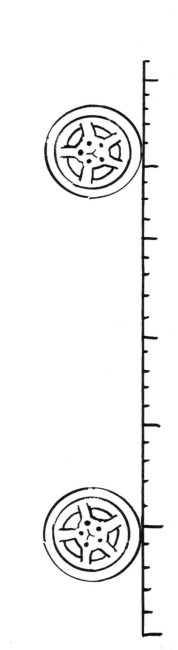

VERREIBE KAFFEESATZ AUF DER ORAKELSEITE UND DEUTE DARIN, WAS DIE ZUKUNFT DIR BRINGT!

Meine Sorgen:

Schreibe all deine Sorgen auf diese ← Seite

Schneide sie dann aus und verbrenne sie! Deine Sorgen verschwinden ein bisschen mit ihr...

Schreibe deinen Namen *falsch* auf diesen Coffee-to-go Becher →

GEHE AUF EIN ROCK KONZERT

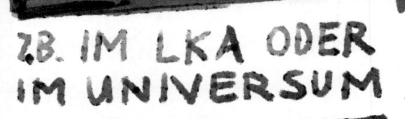

Z.B. IM LKA ODER IM UNIVERSUM

ZEICHNE DIE GITARRE DES LEAD-GITARRISTEN!

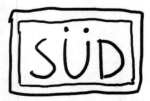

CHARLOTTEN PLATZ

BOPSER

GIB DEINER U-BAHN STATION
EINEN NAMEN

NAME _____
INSTRUMENT _____

NAME _____
INSTRUMENT _____

NAME _____
INSTRUMENT _____

NAME _____
INSTRUMENT _____

Fülle diesen Kühlschrank →

Atme mal

tief durch...

Was ging dir beim Durchatmen durch den Kopf? Zeichne es hier rein ⟶

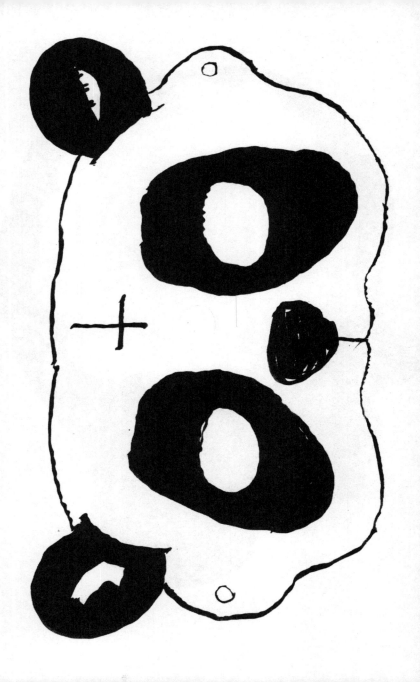

Bastel dir DEINE EIGENE PANDAMASKE

ZIEH' SIE AUF!

Spüre die Macht! Gehe damit in den nächstbesten Hip-Hop-Club, zum Beispiel in die Schräglage oder das Transit und lass' dich feiern!

Geh' durch den
Schwabtunnel,
Schmeiss dieses
Buch auf den Boden
und geniesse
das Echo!

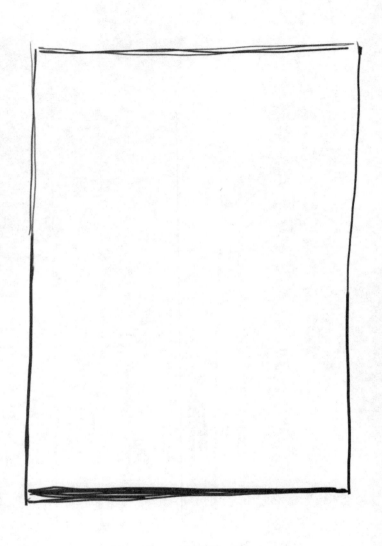

ZEICHNE DIE
AUSSICHT AUS DEINEM FENSTER

UND WAS SIEHT MAN,
WENN MAN BEI DIR REINSCHAUT?

Gib' dem VFB-Maskottchen einen eigenen Namen und mal' ihm ein eigenes Trikot!

Ahnen Galerie

LASS' DEINE FAMILIE IHRE GESICHTER IN DIE RAHMEN ZEICHNEN. ODER ZEICHNE SIE SELBST.

Gehe auf das <u>Weindorf</u> und probiere mindestens 3 Weine! Schreibe die Namen deiner Favoriten auf

MACH'KRETSCHMANN sexy!

Sprühe diese Seiten kräftig mit Herren-Parfum ein!
(Am besten holst du dir dazu Proben z.B. bei Douglas oder Müller in der Königsstrasse)

Schreib' deine eigenen HIP HOP-LYRICS

verwende dabei die Begriffe:

- Bass
- Swag
- Dicker Benz
- Chillen
- Killesberg-Baby
- Rillen
- Kein Plan
- Neckar

HIP-HOP AUS BENZ TOWN ♫

Klebe was vom Flohmarkt auf dem Karlsplatz ←HIER ein.

Zeichne ein Dach auf das Kunstmuseum!

Oder wie wäre es mit
ein paar Türmen?
Lass' dir was einfallen.

Pilspost

SCHREIBE EINE GEHEIME BOTSCHAFT AUF EIN PILSDECKCHEN, MACH' ES AN EIN PILSGLAS UND GIB ES JEMAND ODER LASS' ES DER KELLNERIN BZW. DEM KELLNER STEHEN.

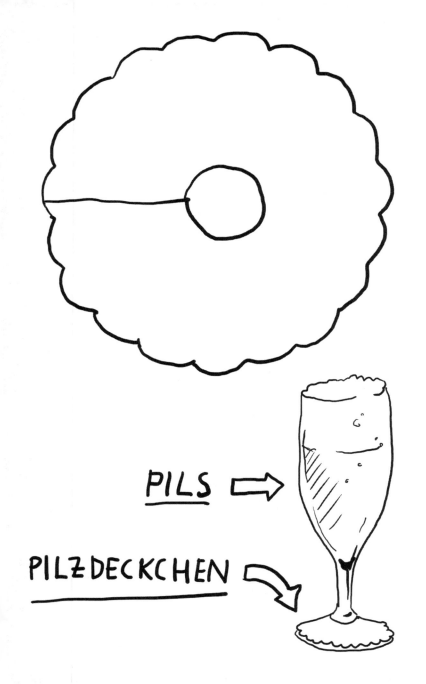

MEIN FREUND UND HELFER

ENTWIRF' EINE COOLE UNIFORM
FÜR DIE STUTTGARTER POLIZEI

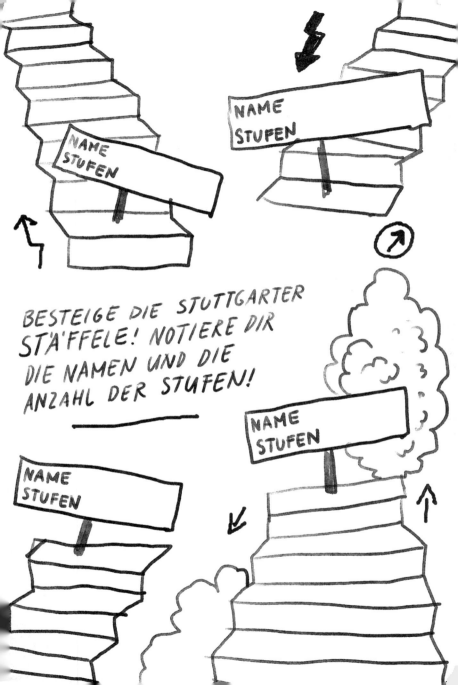

Schminke Harald Glööckler*

Klebe ihm natürlich auch Strass-Steine ins Gesicht

★ WUSSTEST DU, DAS GLÖÖCKLER SEINEN ERSTEN LADEN HIER HATTE? UNTER ANDEREM HAT ER AUCH EINE MODENSCHAU IM NEUEN SCHLOSS GEMACHT

TICKET HIER
EINKLEBEN

WARUM WAR ER SO GUT?

---------- ---------- ----------

---------- ---------- ----------

---------- ---------- ----------

---------- ---------- ----------

---------- ---------- ----------

dass' dich am Hölderlinplatz vom Geist Hölderlins inspirieren und schreibe ein Liebesgedicht

Geh' ins Café Weiss

trinke dort eine ‚Fehlgeburt'
oder einen ‚schwäbischen
Tequila' und lass' dir von
Harry oder Annemarie
ihre abgefahrenste Geschichte
erzählen!

SCHREIBE SIE HIERAUF

SAMMLE HIER STEMPEL VON STUTTGARTER ÄMTERN UND BEHÖRDEN

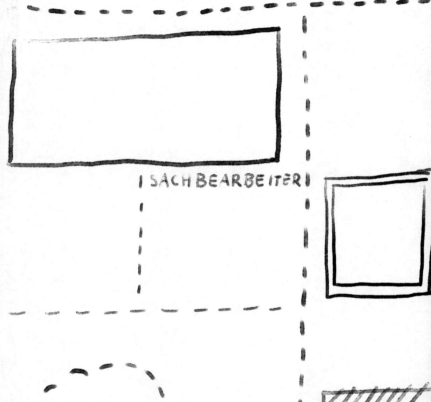

SACHBEARBEITER

BITTE ABSTEMPELN

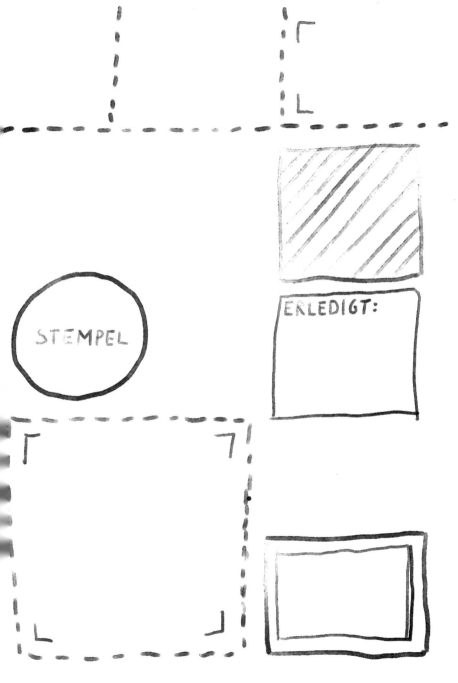

Auf dr schwäbsche Eisebahne

Schreibe deine eigenen Strophen für das bekannte schwäbische Lied. Hör' dir dazu das Original im Internet an!

SINGE DEIN LIED LAUT BEI EINER FAHRT MIT DER BAHN IM KILLESBERGPARK

HIER KÖNNTE IHRE ANZEIGE STEHEN!

VERKAUFE DIE LEEREN FLÄCHEN AN ANZEIGENKUNDEN ODER AN SPONSOREN!

ZEICHNE DEIN STUTTGART IN DEN KESSEL!

ZEICHNE
AFROB
EINEN
AFRO!

TRIFF' DEN STUTTGART BATMAN

DU FINDEST IHN NACHTS AUF DEN STRASSEN VON STUTTGART ODER AUF FACEBOOK.

MACH' EIN SELFIE MIT BATMAN UND KLEB' ES EIN!

Gehe total
betrunken ~~xxx~~
ins
Oblomow

~~xxx~~ LASS DIR von
anderen ~~betr~~
Betrunkenen hier
~~xxx~~ ~~eine~~ schreiben
ne spannende Geschichten aus iHRem
Leben

MACH' MAL

Pause!

GEHE (spät nachts) zum feiern ins

dilayla

fülle diese wunschliste aus und gib sie dem dj!

(Achte dabei auf eine besonders wilde Mischung von Chart-Hits aus allen Jahrzehnten!)

MACHE MIT NUR EINEM STRICH EIN PEACE ZEICHEN AUS DEM MERCEDESSTERN

Schreibe einen Liebesbrief der so ehrlich ist, dass du ihn NIE abschicken würdest!

Klebe diese Seiten zusammen!

AUTOMATEN Post

Verteile die Zettel in Ausgabefächern von Fahrkartenautomaten, Zigarettenautomaten, Kondomautomaten usw.

Denk' dir eigene Sprüche aus!

Gerne wieder!	Das reicht doch niemals!
Your Ticket to Freedom!	YEAH HAUPTGEWINN! JUHU!

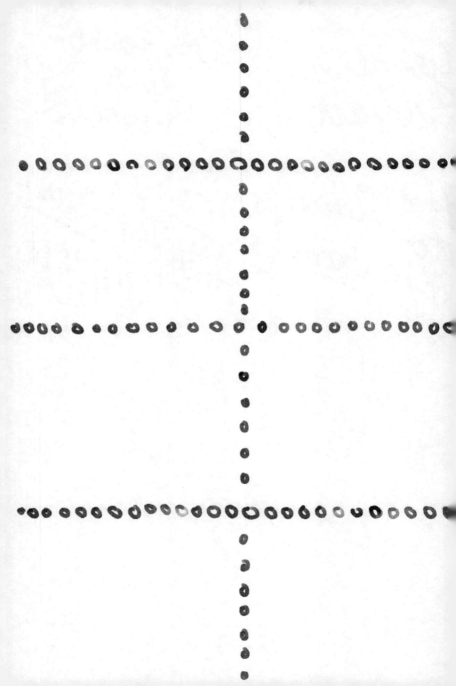

Bist du sicher, dass du da hin willst?	EINEN WUNDERBAREN Tag NOCH!
LASS' KRACHEN!!	GANZ EASY

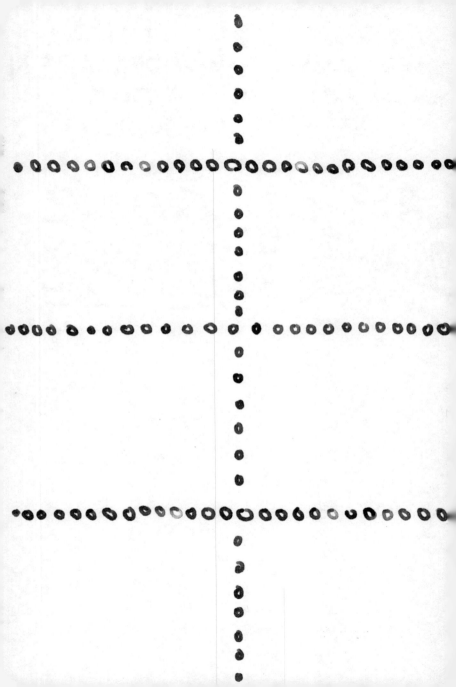

MALE EINEN REITER AUF DAS STUTTGART-PFERD

Geh' mit mir ins Freibad!

Creme der Dame auf der gegenüberliegenden Seite den Rücken mit Sonnencreme ein und lass' sie in der Sonne trocken werden.

ISS' AM
Marienplatz
EINE pizza

WÄHREND DU AUF DEINE PIZZA WARTEST, ZEICHNE DEINEN LIEBLINGSBELAG AUF DIESE PIZZA →

VERVOLLSTÄNDIGE DAS SAURIER-SKELETT
LASS' DICH IM MUSEUM AM LÖWENTOR INSPIRIEREN

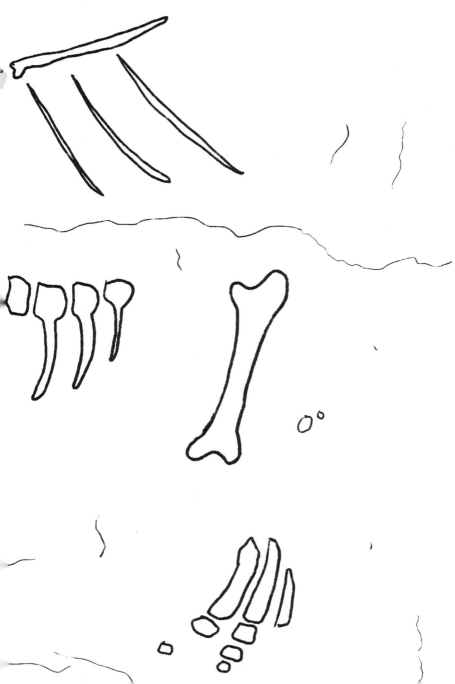

ZEICHNE DEN PASSENDEN SAURIER!

Sei Feinstaub Politesse

STECKE DIESEN ZETTEL BEI DICKEN SUVs IN DEINER GEGEND HINTER DEN SCHEIBENWISCHER!

ICH MACH' FEINSTAUB ALARM!

MEIN FEINSTAUB IST FEINER ALS DEINER

JETZT KENNEN WIR UNS SCHON SO LANG, ES WIRD ZEIT:

NIMM' MICH MIT INS BETT!

In Stuttgart haben wir fast alles, nur eines fehlt uns noch:

Hausboote!

Zeichne dein Hausboot für den Neckar!

SCHREIB' EINE MASSIVE DANKSAGUNG UND DANKE ALLEN, DIE DIR BEI DIESEM BUCH GEHOLFEN HABEN!

IMPRESSUM

1. AUFLAGE 2017

© MAIRDUMONT GmbH & Co. KG, OSTFILDERN

KONZEPT, TEXT UND ILLUSTRATION:
Kleon MEDUGORAC

HOMEPAGE → WWW.KLEON.GRAPHICS
INSTAGRAM → @kleon_medugorac

REIHENKONZEPT: C.C. Schmid, Carolin Schmid

PROJEKTLEITUNG UND LEKTORAT: Marlis Fraatz

DESIGNED IN STUTTGART
PRINTED IN GERMANY

Das Werk einschließlich all seiner Teile ist urheberrechtlich geschützt. Jede urheberrechtsrelevante Verwendung ist ohne Zustimmung des Verlags unzulässig und strafbar. Dies gilt insbesondere für Vervielfältigungen, Übersetzungen, Nachahmungen, Mikroverfilmungen und die Einspeicherung und Verarbeitung in elektronischen Systemen.